Entre Chat et Chien

"Entre Chat et Chien",
Texte et illustrations : Éric Battut
Direction artistique : Kamy Pakdel, studio Autrement

ISBN : 978-2-218-93143-7

Conforme à la loi n° 49-956 du 16 juillet 1949 sur les publications destinées à la jeunesse.

Entre Chat et Chien

Éric Battut

CE1 facettes

HATIER

Chien était poète. Mais depuis longtemps l'inspiration lui manquait ; il n'écrivait plus de poésies et, de sa fenêtre, il regardait la neige qui tombait.

Chat était vagabond ; il voyageait de pré en forêt sans poser son baluchon. Depuis longtemps il n'avait rien mangé, et ce soir-là il cherchait un abri.

Chat aperçut une petite maison. Il frappa à la porte.

Chien vint lui ouvrir et lui dit : "Tu es un chat, cependant je veux bien que tu passes la nuit chez moi."

Et Chien laissa entrer Chat.

Dans la chambre, Chien lisait un recueil de poésies.

Chat voulait voir de plus près les images si jolies,

alors il attendit que Chien éteigne la bougie.

Alors que Chien dormait, Chat ralluma la chandelle

et ouvrit le livre. Pour chaque poésie, il y avait une image.

Chat, d'un coup de griffe, déchira chaque page.

Quand Chien se réveilla, il vit le livre déchiré.

Sa colère fut grande.

Il cria à Chat : "Il ne faut pas abîmer les livres.

Va-t'en de chez moi !"

Chat s'en alla, emportant son baluchon.

Et quand il se fut éloigné, il commença à dessiner sur la neige des papillons, des fleurs des champs, des fleurs des bois.

Chien était curieux. Il observait Chat depuis sa fenêtre et voulut voir ce qu'il faisait. Il s'approcha et vit le dessin sur la neige. "C'est beau", dit-il à Chat. Et il rentra chez lui pour se mettre au travail. Chat le suivit.

Chien avait retrouvé l'inspiration. Toute la journée, il écrivit des poésies. Les heures passaient, Chien écrivait, et la présence de Chat le rassurait.

Le soir, Chien et Chat se dirent au revoir.

Ils étaient devenus amis. Chat partit à la tombée de la nuit.

Chat marcha longtemps. Il vit des lapins qui s'amusaient sous la lune ronde. Il posa son baluchon et se mit à les observer, rêveur. Au bout d'un moment, Chien alla rejoindre son ami. "J'ai une idée, dit-il, faisons ensemble un livre illustré. J'écrirai l'histoire, tu feras les dessins." Chat réfléchit et, comme il aimait dessiner, il répondit en regardant au loin : "D'accord, notre histoire parlera de lapins."

Toute la nuit, Chien et Chat observèrent les lapins

à la façon des chats : sur un arbre perchés,

pendant que la neige tombait.

Toute la nuit, Chat et Chien observèrent les lapins
à la façon des chiens : en les poursuivant jusqu'à leurs terriers
pour les attraper.

Chien et Chat étaient heureux.

Ensemble, ils avaient trouvé une idée, une idée de livre à deux.

Devant une tasse de café, ils échangeaient leurs impressions,

et ils restaient sérieux ; le livre devait être réussi,

même si cela paraissait être un jeu.

Ils se mirent au travail ! Chien écrivait, Chat illustrait.

De temps en temps, Chat allait vers Chien pour lui montrer une image et Chien allait vers Chat pour lui lire une page.

Après avoir usé beaucoup de papier et de crayons,

Chat et Chien avaient terminé leur manuscrit.

Chien et Chat s'installèrent dans le salon ;

ils relurent l'histoire en la retouchant de-ci de-là

pour qu'elle soit plus belle encore.

Chat étala ses dessins dans l'entrée et ajouta de petits détails de-ci de-là pour qu'ils soient plus touchants encore.

Quand le manuscrit fut vraiment prêt, ils l'emballèrent et postèrent le paquet à un éditeur que Chien connaissait.

Chien et Chat étaient heureux, ils avaient réussi leur livre à deux.

Au printemps, le livre était publié. Il avait du succès, beaucoup de gens le lisaient. Surtout les renards passionnés de poésie.

autrement

Retrouve en librairie
tout l'univers d'Éric Battut

48 p. - 215 x 270

32 p. - 260 x 260

32 p. - 265 x 230

32 p. - 270 x 190

32 p. - 270 x 190

32 p. - 270 x 190

Éditions Autrement – 77, rue du Faubourg-Saint-Antoine – 75011 Paris – Tél. : 01 44 73 80 00 – Fax : 01 44 73 00 12 – www.autrement.com
Achevé d'imprimer par Clerc s.a.s. à Saint-Amand-Montrond - France
Dépôt légal n° 101792 - Mars 2008